BEI GRIN MACHT SICH IHR WISSEN BEZAHLT

- Wir veröffentlichen Ihre Hausarbeit,
  Bachelor- und Masterarbeit

- Ihr eigenes eBook und Buch -
  weltweit in allen wichtigen Shops

- Verdienen Sie an jedem Verkauf

Jetzt bei www.GRIN.com hochladen
und kostenlos publizieren

Sonja Filip

Deontologische und teleologische Ethik

GRIN Verlag

Bibliografische Information der Deutschen Nationalbibliothek:

Die Deutsche Bibliothek verzeichnet diese Publikation in der Deutschen National-
bibliografie; detaillierte bibliografische Daten sind im Internet über http://dnb.d-
nb.de/ abrufbar.

Dieses Werk sowie alle darin enthaltenen einzelnen Beiträge und Abbildungen
sind urheberrechtlich geschützt. Jede Verwertung, die nicht ausdrücklich vom
Urheberrechtsschutz zugelassen ist, bedarf der vorherigen Zustimmung des Verla-
ges. Das gilt insbesondere für Vervielfältigungen, Bearbeitungen, Übersetzungen,
Mikroverfilmungen, Auswertungen durch Datenbanken und für die Einspeicherung
und Verarbeitung in elektronische Systeme. Alle Rechte, auch die des auszugsweisen
Nachdrucks, der fotomechanischen Wiedergabe (einschließlich Mikrokopie) sowie
der Auswertung durch Datenbanken oder ähnliche Einrichtungen, vorbehalten.

Impressum:

Copyright © 2004 GRIN Verlag GmbH
Druck und Bindung: Books on Demand GmbH, Norderstedt Germany
ISBN: 978-3-640-32527-6

Dieses Buch bei GRIN:

http://www.grin.com/de/e-book/35745/deontologische-und-teleologische-ethik

EPG 1-Veranstaltung:
Einführung in die philosophische Ethik
WS 2004 / 2005

Referat über
Deontologische und Teleologische Theorien

basierend auf dem Text:
W. Frankena: Analytische Ethik, S. 30-43

Sonja Filip

Germanistik, Philosophie, Mathematik (Staatsexamen)

Inhaltsverzeichnis:

Mein Referat basiert auf dem Text von *William K. Frankena: Analytische Ethik (S. 30-43)*.

1. Die Ausgangsfrage

Ich beginne mein Referat mit der Frage, wann Menschen beginnen, über Moral zu philosophieren. Dies ist vor allem dann der Fall, wenn sie unzufrieden mit dem herrschenden Verhaltenskodex sind oder wenn sie an eben diesem zweifeln. In solchen Situationen beginnen sie, ihn zu hinterfragen. Hieraus ergibt sich direkt die Problemstellung, die ich als Ausgangsfrage für mein Referat ansetzen möchte: Dienen herrschende Normen als Verhaltensmaßstab? Und können sie als Maßstab für „moralisch richtig" und „moralisch falsch" fungieren? Moralphilosophien betrachten diese Thematik sehr kritisch. Für sie gibt es eine Vielzahl von Einwänden, die schließlich dafür sorgen, dass – zumindest aus ihrer Sicht - die Antwort klar „nein" heißen muss. Einige dieser Einwände will ich kurz nennen und erläutern.

Die tatsächlichen Normen einer Gesellschaft sind nie sehr präzise und lassen Ausnahmen zu – sie können demnach nicht allgemeingültig sein. Eine gute Beispielsituation hierfür ist vielleicht, dass es Konsens ist, das Töten von Menschen als moralisch schlecht anzusehen. Wie passt das aber zu der Situation eines Soldaten im Krieg, der angewiesen wird, auch den Tod vieler Gegner in Kauf zu nehmen? Oder: Wie passt unsere Norm, nicht zu töten, zu Staaten, in denen die Todesstrafe praktiziert wird? Diese Ausnahmen werden zwar zugelassen, sind aber nicht ausreichend in das Normensystem integriert.

Ein anderer Einwand der Moralphilosophen ist, dass Normen in einer konkreten Situation in Konflikt miteinander geraten können. Hierzu wird im Text Sokrates' Beispiel aus dem 1. Buch von Platons „Staat"[1] angeführt. Dort findet sich folgende Situation: Person A hat Person B versprochen, ihr die Waffen zurückzugeben, die diese ihr geliehen hat. Nun ist Person A aber in dem Wissen, dass Person B mit den Waffen Schaden anrichten will – und befindet sich demnach in einem Konflikt: Welche Norm ist nun höher zu achten – die Norm, welche besagt, dass Versprechen gehalten werden müssen, oder aber die, dass man, soweit es in der eigenen Macht steht, andere vor möglichem Schaden schützen soll? Das Problem, das ersichtlich wird, ist das der fehlenden Rangfolge, der fehlenden Hierarchie im Normensystem.

Des weiteren führen die Moralphilosophen an, Normen seien im Allgemeinen konservativ und negativ, „nicht bejahend und konstruktiv, nicht schöpferisch und anpassungsfähig an neue Situationen"[2].

---

[1] Vgl. Platon: Politeia, Frankfurt 1991.
[2] William K. Frankena: Analytische Ethik. S. 32

Hinzuzufügen wäre auch noch, dass Normen in verschiedenen Kulturen verschiedene Inhalte haben. Etwas, das bei uns in Deutschland anerkannt und allgemein akzeptiert ist, kann in anderen Kulturen als sittenwidrig und moralisch höchst verwerflich angesehen werden.

Doch das vermutlich wichtigste und am schwersten gewichtete Argument gegen herrschende Normen als Verhaltensmaßstab ist die Tatsache, dass Normen schlichtweg falsch oder ungerecht sein können. Nur, weil etwas allgemeiner Konsens ist, heißt das noch lange nicht, dass diese Norm moralisch gut oder gerecht sein muss.

Aus unter anderem diesen Gründen, vor allem aufgrund des letzten Einwandes, sind Moralphilosophen der Ansicht, dass man den Maßstab von richtig und falsch nicht einfach im momentan vorherrschenden allgemeinen Verhaltenskodex finden kann. Daher suchen sie nach Alternativlösungen. Zwei dieser alternativen Konzepte, die teleologischen und die deontologischen Theorien, möchte ich im Folgenden vorstellen.

2. Teleologische Theorien

Beginnen möchte ich zunächst mit den Grundzügen der teleologischen Theorien. „to telos" ist griechisch und bedeutet „Ziel, Zweck". Eine teleologische Ethik ist also eine Ethik der Ziele; sie ist zielorientiert. Das Ziel, nach dem sie sich ausrichtet, ist ein außermoralischer Wert. Um es mit Aristoteles zu sagen: Das angestrebte Ziel ist das Glück (eudaimonia) oder das gelingende Leben.

Dieser außermoralische Wert ist als Vorraussetzung der Theorie gesetzt. Ein Teleologe zweifelt diesen außermoralischen Wert nicht an, denn er ist nicht Teil der Theorie, sondern das Begründende, das als solches auch nicht in Frage gestellt wird.

Das einzige Kriterium dafür, was moralisch richtig oder moralisch falsch ist, ist der außermoralische Wert, den ein Handelnder durch die Ausführung seiner Handlung schafft. Der moralische Wert der Handlung hängt demnach von dem vergleichsweise außermoralischen Wert ab.

Teleologen berufen sich auf die Summe guter Konsequenzen, die eine Tat hervorbringt. Eine Handlung ist also dann – und zwar ausschließlich dann – moralisch gut und richtig, wenn sie ein mindestens ebenso großes Übergewicht von guten gegenüber schlechten Folgen hervorbringt (tatsächlich, wahrscheinlich oder nach Absicht des Handelnden) wie jede Handlungsalternative, die dem Handelnden in dem Moment seiner Handlung offen steht. Sie ist folglich sittlich richtig, wenn sie das außermoralisch Gute maximiert.

Eine Handlung an sich ist infolgedessen nicht aus sich selbst heraus gut oder schlecht; sie wird nur dadurch moralisch richtig, dass das Ergebnis der Handlung, ergo der geschaffene außermoralische Wert, ein positiver ist. Oder anders ausgedrückt:

> „Der teleologischen Auffassung zufolge kann eine Handlung genau dann und insoweit als im moralischen Sinne richtig (bezogen auf eine gegebene Handlungssituation) charakterisiert werden, wenn und sofern sie zur Verwirklichung eines Zustands beiträgt, den man aufgrund von Kriterien, die nicht selbst moralischer Art sind, als gut bezeichnen kann: Im Rahmen teleologischer Ethiken ist das moralisch Rechte bzw. Richtige (richtig) kriteriologisch bestimmt durch seinen funktionalen Beitrag zur Verwirklichung eines bestimmten nichtmoralisch-evaluativ Guten (das Gute)."[3]

Interessant zu sehen ist, dass einem Teleologen jede beliebige Auffassung davon, was moralisch gut ist, offen steht – er muss nur irgendeine Auffassung davon haben, was gut ist, und dann ausschließlich im Einklang mit dieser Auffassung bestimmen, was moralisch gut und richtig ist.

Es gibt somit für Teleologen nur ein einziges grundlegendes Kriterium des moralisch Richtigen: den außermoralischen Wert der ausgeführten Handlung.

Soweit zu den Grundlagen der teleologischen Theorien. Doch auch unter den Teleologen gibt es Fragen, über die Uneinigkeit herrscht und in denen kein Konsens erzielt wurde. Eine dieser Fragen ist zum Beispiel:

2. 1. „Wessen Wohl soll man fördern?"

Auf diese Frage findet man bei den Teleologen zwei mögliche Antworten. Die erste besagt, dass das Wohl des Einzelnen gefördert werden soll, die zweite, dass das Wohl der Gesellschaft im Vordergrund stehen muss.

Zunächst zur ersten Antwortmöglichkeit: Wer der Ansicht ist, das Wohl des Einzelnen solle stets gefördert werden, ist Anhänger des „Ethischen Egoismus". Dieser ethische Egoismus behauptet, eine handelnde Person solle immer genau das tun, was für sie in dieser Situation das Beste ist, das heißt, sie solle das tun, was für sie persönlich das größtmögliche Übergewicht von guten gegenüber schlechten Folgen hervorruft. Dieser Ansicht waren zum Beispiel auch Hobbes und Nietzsche.

Auf den Ethischen Egoismus werde ich im Laufe meines Referates noch genauer eingehen.

Nun zur zweiten Antwortmöglichkeit auf die Frage, wessen Wohl gefördert werden soll, nämlich der Antwort des ethischen Universalismus bzw. des Utilitarismus. Hier ist als letztes, oberstes Ziel das größtmögliche allgemeine Wohl festgelegt.

---

[3] http://micha.h.werner.bei.t-online.de/deontologie.htm, abgerufen am 12.11.2004

Anzumerken ist vielleicht noch, dass dem Utilitarismus keine bestimmte Wertlehre zuzuordnen ist. Ein Utilitarist „muss sich lediglich *irgendeine* Wertlehre zu eigen machen".[4] Utilitaristen sind zumeist Hedonisten[5]. Sie sehen also das grundsätzliche Ziel von Moral darin, das größtmögliche Übergewicht von angenehmen, positiven Empfindungen wie Lust oder Vergnügen gegenüber unangenehmen Gefühlen wie Unlust oder Schmerzen herbeizuführen. Doch es gibt durchaus auch Utilitaristen, die den Hedonismus ablehnen. Sie bezeichnet man als „ideale Utilitaristen". Als prominente Vertreter des Utilitarismus sind zum Bespiel J. Bentham und J. S. Mill zu nennen.

Da wir von den beiden letztgenannten im weiteren Verlauf dieses Seminars noch Texte lesen und behandeln werden, möchte ich nun nicht mehr näher auf den Utilitarismus eingehen, sondern mich der Kritik an der teleologischen Ethik und damit den deontologischen Theorien zuwenden.

3. Deontologische Theorien

Die teleologischen Theorien haben nicht nur Befürworter, sondern auch Gegner. Teleologen sehen den außermoralischen Wert, der bei ihrer Theorie das grundlegende Kriterium für den Maßstab von richtig und falsch ist, als feststehend an. Sie gründen auf ihm ihre Theorie und sehen ihn als Vorraussetzung, die nicht in Frage gestellt werden kann. Doch genau hier setzt die Kritik an. Eben gerade diese Vorraussetzung wird kritisch betrachtet. Denn was genau der außermoralische Wert nun sein soll, ist unklar. Die Antike ist zwar der Überzeugung, das höchste Ziel im Leben sei das Glück, also das gelingende Leben, und hinterfragt dies nicht, doch auch damals gab es schon Ansätze dafür, auf die Frage nach dem höchsten, letzten Ziel anders zu antworten – zum Beispiel mit der Ansicht, Macht, Gerechtigkeit oder auch Wissen sei das erstrebenswerteste Ziel.

Die Frage nach moralisch guten und moralisch schlechten Handlungen nur an dem Ergebnis dieser Handlungen festzumachen, scheint den Kritikern der teleologischen Theorie nicht richtig. In dieser Hinsicht sind somit auch die deontologischen Theorien, die sich von „to deon" (das Notwendige, das Pflichtgemäße)[6] ableiten, eine Antwort auf die teleologischen Theorien.

---

[4] William K. Frankena: Analytische Ethik. S. 35
[5] Hedonismus: Der Hedonismus (von griech. hedone: "Freude, Vergnügen, Lust") - eigentlich: die Lustlehre - bezeichnet eine ethische Lehre, nach der der individuelle Genuss das eigentliche Motiv, letzte Ziel und sittliche Kriterium des menschlichen Handelns sei. Der Hedonismus ist eine Modifikation des Eudämonismus. Als Begründer des Hedonismus gilt der altgriechische Philosoph Aristipp, ein Schüler des Sokrates. Ausgangspunkt seiner ethischen Lehren ist das von Lust- oder Unlustgefühlen bedingte individuelle Wohlergehen. Genussfähigkeit ist das höchste Glück des Menschen, dergestalt ist sie mit der Tugend identisch. Wirkliche und dauernde Genussfähigkeit ist nur dem Weisen beschieden, insofern er seinen Lustempfindungen nicht blindlings folgt, sondern kraft seiner Weisheit über sie zu herrschen vermag. (Quelle: http://de.wikipedia.org/wiki/Hedonismus; abgerufen am 12.11.2004)
[6] Deontologie: die Lehre vom Sollen

„Die deontologische Ethik stammt aus dem jüdisch-christlichen Raum. Der Dekalog schreibt vor, was wir tun sollen; dieses Sollen wird theologisch als Gebot Gottes interpretiert, und als solches bedarf es keiner weiteren Begründung."[7] Die deontologischen Theorien bestreiten die teleologischen Theorien und besagen, dass das Richtige oder das moralisch Gute nicht ausschließlich das ist, was im außermoralischen Sinn gut ist oder was das größte Übergewicht von guten gegenüber schlechten Folgen herbeiführt. Laut den Deontologen gibt es daneben noch andere Gesichtspunkte, die eine Handlung (oder eine Regel) zu einer richtigen oder pflichtgemäßen machen, nämlich Eigenschaften der Handlung selbst, die mit dem Wert ihrer Konsequenzen nichts zu tun haben. Handlungen sind somit unabhängig von den Konsequenzen ihrer Ausführung richtig bzw. falsch. Auf den Punkt gebracht bedeutet dies: Eine Handlung kann moralisch richtig sein, *ohne* das größtmögliche Übergewicht von guten gegenüber schlechten Folgen hervorzubringen.

In den deontologischen Theorien spielt der außermoralische Wert entweder überhaupt keine Rolle und wird völlig außer Acht gelassen, oder er ist doch nur ein Kriterium, das neben anderen letzten Kriterien steht. Welches diese anderen Kriterien sind, bleibt offen, auch, ob es Normen gibt, die ohne Ausnahme gelten oder ob es Handlungstypen gibt, die – unabhängig von allen Umständen und Folgen – einfach „in sich" moralisch falsch und daher in jedem Fall verboten sind.[8]

Ebenso wie die Teleologen können auch die Deontologen beliebiger Auffassung darüber sein, was im außermoralischen Sinne gut oder schlecht ist – lediglich eine Ansicht muss vertreten werden, nach der dann konsequent über moralisch gut und moralisch schlecht geurteilt werden muss.

Ethischer Egoismus:

Wie schon in 2.1. angekündigt, möchte ich nun noch einmal näher auf den ethischen Egoismus eingehen. Vielleicht ist es gut, zunächst eine kurze Begriffsklärung vorzunehmen. Es muss bei der Betrachtung des ethischen Egoismus klar sein, dass das Wort „egoistisch" hier keinesfalls in dem uns gebräuchlichen Alltagssinne verwendet wird – es bedeutet demnach keineswegs selbstsüchtig. Vielmehr handelt es sich hier nicht um eine einem Menschen zuzuschreibende Charaktereigenschaft, sondern um eine Theorie – die Theorie des ethischen Egoismus, der Ethik der Selbstliebe. Es ist deshalb durchaus vereinbar mit dem Prinzip des ethischen Egoismus, trotz voller Anerkennung dieses Prinzips selbstlos zu handeln.

---

[7] Ricken, Friedo: Allgemeine Ethik. Stuttgart, Berlin, Köln 1983. S. 215
[8] Vgl. Ricken, Friedo: Allgemeine Ethik. Stuttgart, Berlin, Köln 1983. S. 216

Die These des ethischen Egoismus, wenn man sie in einem Satz komprimiert ausdrücken will, ist folgende: Die grundlegende Verpflichtung des Einzelnen, wenn dieser moralisch handeln will, ist für sich selbst in der sich ihm stellenden Situation das größtmögliche Übergewicht von guten gegenüber schlechten Folgen herbeizuführen. Maßstab eines jeden Verhaltens ist für den ethischen Egoisten, ob es ihm nützen wird – entweder unmittelbar während oder nach der Handlung oder auf lange Sicht. Problematisch wird dies allerdings, wenn der Einzelne nicht mehr als Handelnder, sondern als Berater, Richter oder Ratgeber betrachtet wird. Wie er dann zu handeln hat und wessen Wohl er in diesem Moment fördern soll, ist nicht eindeutig in der Theorie des ethischen Egoismus gesagt. Denkbar wären zwei verschiedene Antwortmöglichkeiten:

1. Der Einzelne geht bei der Abgabe von Urteilen in der 2. und 3. Person davon aus, was für ihn persönlich (und nicht für die handelnde Person) das Beste ist.

2. Er rät der Person, mit oder zu der er spricht, zu einer Handlung, die für diese Person selbst den größten Vorteil bringt.

Vermutlich ist die zweite Antwortmöglichkeit aber als unvereinbar mit dem ethischen Egoismus auszuschließen, es sei denn, dass die Handlung, zu welcher der Berater einer Person rät, auch für den Berater selbst Nutzen bringt. Wenn dies allerdings so ist, so wäre die 2. These ohnehin nur ein Spezialfall von These 1.[9]

Doch handelt man als Einzelner nach der zweiten Möglichkeit, sind all seine Urteile und Ratschläge alleinig an seinem Wohl orientiert, so werden sie von uns als abwegig und auch unbefriedigend empfunden. Es ist zumindest sehr fraglich, ob der ethische Egoismus bei der Abgabe von Ratschlägen und Urteilen als eine geeignete Basis fungieren kann.

Noch ein weiteres Problem stellt sich dem kritischen Betrachter des ethischen Egoismus. Allen ethischen Egoisten muss gemeinsam sein, dass sie das egoistische Handlungs- und Beurteilungsprinzip nicht nur als für sich, sondern als für alle Menschen der Gesellschaft gültig ansehen. Denn sobald man eine Maxime zum moralischen Prinzip erhebt, muss man bereit sein, diese für alle gelten zu lassen. Tut man das nicht, so wäre man das, was man im Alltagssinne unter einem Egoisten versteht. Vertritt man aber die Theorie des (ethischen) Egoismus und hat nicht nur den Egoismus als eine Charaktereigenschaft inne, so muss man auch bereit sein zu verallgemeinern. Doch genau hier steht man vor einem Problem. Ein Egoist kann nicht wollen, dass die anderen nichts als ihren eigenen Vorteil vor Augen haben – denn sobald dies der Fall ist, wird es für ihn selbst schwer, seinen eigenen Vorteil so groß wie möglich zu halten. Vielmehr wünscht sich ein Egoist doch, dass alle anderen möglichst ebenfalls zu seinen Gunsten handeln. Dies steht aber in einem unvereinbaren Widerspruch dazu, dass die Theorie des ethischen

---

[9] Vgl. William K. Frankena: Analytische Ethik. S. 37

Egoismus, wenn man sie vertritt, als allgemeingültig anzusehen ist. „In Kants Worten: Man kann die egoistische Maxime nicht als allgemeines Gesetz wollen."[10]

Der einzige Fall, in dem dies keinen Widerspruch in sich auslösen würde ist der, dass der Vorteil eines jeden Einzelnen mit dem Vorteil aller zusammenfällt. Denn so kann man in der Tat ohne weiteres wollen, dass die egoistische Maxime allgemein befolgt wird. Doch da diese Aussagen von „eine[r] Art prästabile[n] Harmonie in der Welt"[11] ausgeht, ist diese Vorraussetzung als empirisch sehr zweifelhaft zu betrachten.

Exakt hierauf fußt nun der Versuch einer Erklärung von ethischen Egoisten. Sie führen hier ein Gegenargument an, das ihrer Meinung nach den ethischen Egoismus aus psychologischer Sichtweise erklärt. Dieses Argument will zeigen, warum es gar nicht anders sein kann, als dass das höchste ethische Prinzip das der Selbstliebe sein muss.

Da dieses Argument, das Hauptargument für den ethischen Egoismus, wie gesagt ein psychologisches ist, sagt man auch, der ethische Egoismus gehe vom *psychologischem Egoismus* aus. Dieser psychologische Egoismus besagt folgendes: Es liegt in der menschlichen Natur, dass die Menschen immer ausschließlich den eigenen Vorteil suchen. Das bedeutet, mit Butler gesprochen, dass der einzige „Antrieb" der menschlichen Natur die „Selbstliebe" ist – oder, moderner ausgedrückt, dass die „Ich-Befriedigung" das höchste Ziel einer jeden Tätigkeit ist.[12]

Wenn der Mensch aber tatsächlich so veranlagt ist, so muss er dies auch in seiner Moraltheorie berücksichtigen. Daher muss das grundlegende ethische Prinzip das der (kühlen) Selbstliebe sein. Anders formuliert: Falls die menschliche Natur also so beschaffen ist, dass wir Menschen immer ausschließlich unseren eigenen Vorteil suchen, so ist es schlichtweg unrealistisch und sinnlos zu fordern, wir sollten etwas anderes tun als das, was uns unsere eigene Natur vorgibt – nämlich das zu tun, was für uns selbst die besten Folgen hat. Denn wenn die Annahme, das stete Suchen unseres eigenen Vorteils sei ein Grundzug der menschlichen Natur, stimmt, so können wir gar nicht anders handeln als so, wie es uns unsere Natur vorgibt.

Die Theorie des psychologischen Egoismus hat viele Kritiker, und dies vermutlich auch zu Recht. So kommt Frankena ebenfalls zu dem Ergebnis, dass „wir den psychologischen Egoismus nicht zu akzeptieren brauchen"[13]. Doch diese Kritikpunkte im Einzelnen darzulegen, würde den Rahmen dieses Referates sprengen. Dennoch hoffe ich, dass ich zu einer grundlegenden Begriffsklärung beitragen konnte.

---

[10] William K. Frankena: Analytische Ethik. S. 38
[11] Ebd., S. 38
[12] Vgl. William K. Frankena: Analytische Ethik. S. 38
[13] William K. Frankena: Analytische Ethik. S. 43

5. Literaturverzeichnis:

Primärtext:

William K. Frankena: Analytische Ethik. S. 30-43

Sekundärtexte:

Ricken, Friedo: Allgemeine Ethik, Stuttgart, Berlin, Köln 1983. S. 215
Platon: Politeia, Frankfurt 1991.

Internetquellen:

http://micha.h.werner.bei.t-online.de/deontologie.htm (abgerufen am 12.11.2004)
http://de.wikipedia.org/wiki/Hedonismus (abgerufen am 12.11.2004)